AF562184

MANIFESTE

RELATIF

A LA SOCIÉTÉ DES AMIS
DE LA
CONSTITUTION MONARCHIQUE,

Envoyé à l'Assemblée Nationale, à la Municipalité, aux Sections et même aux Jacobins.

Accompagné d'un AVERTISSEMENT AUX PATRIOTES PARISIENS, *trop souvent disposés à mépriser la Loi et l'autorité publique pour ne suivre que leur impétuosité personnelle et leur autorité particulière.*

Par un Membre du Directoire de ladite Société.

Frappe, mais écoute.

A PARIS.

MANIFESTE

RELATIF A LA SOCIÉTÉ DES AMIS DE LA CONSTITUTION MONARCHIQUE,

Suivi d'un AVERTISSEMENT AUX PATRIOTES PARISIENS.

IL est tems d'éprouver dans une grande et importante occasion, le bienfait de la Constitution et l'incalculable avantage du nouvel ordre de choses.

Aux yeux de la Loi, la propriété, la liberté, l'honneur d'un seul homme, sont d'un prix infini ; elle déploye pour les protéger toute sa puissance. Que ne fera-t-elle pas, que ne doit-elle pas faire pour l'honneur, la propriété, la liberté d'un grand nombre de Citoyens ? La Loi doit à la sûreté publique, elle doit à l'ordre universel et à la dignité nationale la plus rigoureuse poursuite descrimes et des criminels. Constater les uns, découvrir les autres, sont des devoirs sacrés pour elle. Or, partout où il y a une grande accusation, il y a évidemment un grand crime; car il y a, ou le crime du coupable, ou le crime de l'accusateur. Si cette grande accusation est faite dans un pays où les loix de l'honneur soient bien connnues, où les délicatesses de l'honneur soient bien senties, le crime de l'accusateur est en raison composée de l'Empire de cet honneur et du dégré de cette délicatesse; ce crime est donc énorme chez des Français?

Ces audacieuses accusations fondées uniquement sur des calomnies atroces, sur de scélérates impostures, seront un jour appréciées comme elles doivent l'être. Les Nations aussi véritablement, aussi sainement éclairées que nous le sommes encore peu, quoi qu'en puisse dire notre inconcevable orgueil, regarderont la propriété morale comme la première et la plus sacrée des propriétés, celle dont la violation sera la plus criminelle. Cette propriété morale, pour tout Peuple qui aura sçu voir que la véritable grandeur de l'homme est dans son ame et dans sa pensée, que les droits de l'homme ne peuvent être essentiellement fondés que sur sa dignité intellectuelle, et qu'il doivent être par conséquent obligatoires de mille vertus, au lieu d'être générateurs de mille vices; cette propriété morale, pour tout Peuple qui n'aura point décrété le matérialisme, est la réputation. La conservation de cette propriété sacrée doit donc être souverainement garantie par une législation sage. Loin de moi, quiconque attacheroit un plus grand prix à la conservation de ses biens, de sa liberté, de sa vie, qu'à celle de son honneur. Je parle à des Français, pour des Français; ils doivent tous entendre ce langage. Je ne sais pourtant que trop, combien il est étranger à tout homme corrompu et avili: jamais le vice n'a cru à la vertu; jamais le fourbe n'a cru à la franchise. Mais je crois m'être affilié à une Société pénétrée ainsi que moi de ces saines maximes; c'est principalement pour elle que j'élève la voix, et que l'équité exige qu'on l'écoute. Les amis d'une monarchie constitutionnelle, les ennemis d'un bouleversement déguisé sous le nom de république, les ennemis de tout factieux et de tout attentat, m'ont paru les hommes de France à qui l'honneur est le plus cher, à qui l'esclavage est le plus odieux, les hommes les plus dignes de la véritable liberté. Donc, s'il pouvoit y avoir acception aux yeux de la loi, ils seroient, j'ose le dire, les hommes du Royaume auxquels la lettre et l'esprit de la Constitution devroient la plus spéciale protection ; et vainement protestera-t-on à la postérité que leurs plus cruels, leurs plus furieux ennemis étoient des soi-disans amis de la Constitution ; la postérité ne voudra point le croire. Fournissons donc à l'Assemblée Nationale dans le sein de laquelle sont et doivent être les véritables amis de la Constitution, fournissons à la Constitution elle-même, une magnifique occasion de développer un grand caractère, et de répandre sur nous les admirables effets de cette précieuse régénération qu'elle nous a promise.

Quelle nous donne un tribunal, et que justice nous soit rendue conformément au principe que je viens d'établir, et sur le quel je suis complèttement assuré de l'approbation de tous les Sages de l'Europe, de tous les hommes vertueux répandus sur la surface du Globe.

Après cette nécessaire réclamation des loix et de leur justice, comme de leur puissance, permettons-nous de répandre un instant quelque lumière sur notre situation générale, considérée, sous ces rapports, avec autant de philosophie que d'impartialité.

Au milieu de tant d'atrocités dont toutes les

parties de la Nation s'accusent mutuellement, le sage Observateur seroit-il obligé de penser qu'elles ont toutes raison? L'homme vertueux seroit-il dans la douloureuse nécessité de sentir qu'une Nation qui marche à la liberté par la corruption, ne peut que perdre ses dernières vertus, et changer d'esclavage! En effet, une telle liberté peut-elle être autre chose qu'une affreuse licence? Et cette affreuse licence brisant à la fois tous les liens, achevant de renverser tous les principes, déchaînant toutes les forces, anéantissant toutes les résistances, consacrant toutes les erreurs, multipliant tous les vices, portant l'orgueil jusqu'au délire, et l'audace jusqu'au vertige, ne doit-elle pas imprimer dans les têtes de la multitude, soit comme instinct brutal, soit comme effet d'insinuations corruptrices, soit comme boussole secrète de leur conduite journalière, que tout obstacle à leur fureur est un crime; que la haine de la vertu devient l'intérêt de tous; que le mépris de la sagesse est un devoir sacré; que la persécution des Justes est une indispensable obligation; que l'oppression des honnêtes gens est la maxime dont il ne faut pas un instant s'écarter, et que le véritable bien public, c'est le droit de mal faire. Dans cet état de choses ne seroit-on pas arrivé à cette funeste époque, où le mépris appartient à l'espèce entière, et où l'estime n'appartient plus qu'à quelques individus ?

Je répondrai tant qu'on voudra, et si publiquement qu'on voudra à ces grandes et importantes questions ? mais aujourd'hui victime moi-même de ces déplorables causes et de leurs funestes effets, représenté au public par les plus vils des humains, comme membre d'une Société de racoleurs, d'intriguans et de traîtres ; dénoncé au Sénat de la Nation comme conspirateur, je dois, sur-tout à ma qualité de père de famille, de reposer un instant ma pensée sur moi-même, et de rehausser du moins le mérite de mes bourreaux, ainsi que la gloire immortelle de leurs Commettans, en les mettant tous à portée d'apprécier leur victime.

C'est pour avoir pris place parmi des hommes dont le plus inaltérable sentiment est la haine des factieux et des conspirations, qu'on m'a appelé conspirateur. C'est par des hommes flétris, sauvés jadis de l'opprobre, uniquement par leur obscuriré ; c'est par des hommes qui toute leur vie ont été dévoués et vendus au pouvoir du plus fort, tels que fussent et ce plus fort et ce pouvoir, que je suis qualifié d'intriguant et de traître ; moi, dont l'existence entière a été consacrée à braver le parti du plus fort, et à en attaquer et poursuivre les chefs, toutes les fois qu'ils ont été injustes ou oppresseurs.

C'est après m'être abstenu d'aspirer à l'honneur de siéger parmi les Représentans de la Nation; c'est après m'en être abstenu par un effort de civisme, par un sacrifice patriotique, plus pénible alors que celui de ma vie, que je suis dénoncé à ces mêmes Représentans comme un traître à la Patrie, comme un ennemi du bien public.

C'est après avoir, dans toutes les époques de ma carrière, fui et refusé toutes les faveurs, toutes les graces, tous les emplois; c'est après avoir négligé, oublié, foulé aux pieds en toute occasion mon utilité personnelle, pour me livrer à tous les travaux relatifs à l'utilité générale, à la perfection des Sociétés politiques, au bonheur des hommes et des Empires, et pour m'y livrer avec toute la plénitude de mes pensées, avec tout le courage d'un homme libre, avec toute l'élévation d'une ame entièrement dévouée aux plus profondes conceptions et entraînée par deux seules passions, l'amour de la vérité et la félicité de mes semblables; c'est après avoir fait un pareil emploi de tous les momens de mon existence qu'on me classe parmi des scélérats et des brigands !

C'est après ne m'être fait d'autres ennemis dans tout le cours de ma vie que ceux que j'ai blessés par l'énergie de ma franchise, par la hauteur de mon caractère, par une indomptable fierté, par la haine la plus prononcée du mensonge et de la bassesse, qu'on me range avec ceux qu'on qualifie de gueux et de gredins.

D'après ces prémices, d'après ces données, on comprendra facilement quelle énorme méprise on commettroit si la signature de mon nom comme membre du Directoire, étoit prise pour une vaine signature, comme un nom prêté pour faire nombre, si on me regardoit dans cette affaire comme un simple figurant, comme un inférieur séduit; en un mot, comme *l'homme de quelqu'un*; idée et expression très-Aristocratique dont en France les Démocrates eux-mêmes sont bien loin d'être corrigés. Accoutumé comme je le suis, depuis que je respire à ne tenir compte que de la pensée de l'homme, de son ame et de son caractère moral, je ne me sens l'inférieur de personne sur la terre. Si Bacon, Leibnitz, Trajan, Platon, Jean-Jacques, Newton, Montesquieu, Marc-Aurele vivoient encore, je les reconnoîtrois seuls pour mes supérieurs, et ma vie est dévouée à devenir leur égal. Quant à des maîtres je n'en connois d'autres qu'une loi sage et genératrice d'ordre, de vertu, de bonheur public, et les hommes consacrés à la faire suivre et respecter. Un homme de mon caractère seroit donc bien peu propre à être l'instrument servile d'un Monarchiste, mais bien moins encore, pourroit-il jamais devenir l'esclave d'un Jacobin.

Je dirai plus : bien loin *d'être l'homme de quelqu'un*; bien loin de tenir à aucun parti, je ne suis plus exclusivement attaché à aucune Nation. Je m'étois dévoué tout entier à la vôtre. Mais jamais contrat ne fut plus complètement anéanti par l'horrible lésion d'un des contractans qui est moi J'ai expliqué ailleurs tout mon droit et tous mes sentimens à cet égard (1). Il me reste un seul moteur, et peut-être (aigri et accablé par un trop grand nombre de cruelles expériences,) eussé-je voulu détruire encore ce dernier moteur, et faire taire en moi cette voix secrète. Mais je l'aurois entrepris en vain. Une force morale plus puissante que tous mes intérêts, plus puissante que tous mes goûts, plus

(1) Voyez *Matériaux pour notre sagesse & pour notre prospérité futures ; ou mes trois offrandes patriotiques.* &c. Par M. de Rossi &c.

puissante que tous mes ressentimens, m'entraîne malgré moi dans un sens opposé et à tous mes ressentimens, et à tous mes goûts et à tous mes intérêts. Je sens qu'elle exerce sur moi un empire absolu, et nonobstant toute l'indépendance de mon caractère, je me sens obligé de me soumettre à cet empire ; je parviens même à découvrir et à expliquer l'origine de sa force, et le despotisme de son pouvoir.

Ils ont pris leur sources dans la voix d'une conscience accoutumée à se consulter ; dans les fruits d'une éducation toujours dirigée par les mêmes principes vers le même but ; dans le résultat des plus longs travaux et des plus constantes méditations sur toutes les matières qui touchent de plus près au destin de l'Homme et des Empires ; dans un commerce perpétuel, avec diverses personnes vertueuses et éclairées de plusieurs parties de l'Europe ; dans l'habitude de ma vie entière ; dans l'effet naturel du sens moral et de toutes les facultés intellectuelles, effet indestructible, lorsque ces facultés intellectuelles, au lieu d'être altérées, deviées, corrompues et détruites, reçoivent le véritable développement qui leur est propre.

De toutes ces causes réunies, il résulte un cri qui répète sans cesse au fond de mon ame : meurs, si tu es digne d'être homme, meurs plutôt mille fois que d'abandonner la cause de la vertu, de la justice, de la raison, de la vérité; meurs pour l'intérêt et le bonheur de tes semblables. Ce profond sentiment me subjugue et m'entraîne. Il prend chez moi la place des mots *Nation*, *Patrie*, *Liberté*, et je vis dans la conviction que *mes frères* n'y perdront pas.

Cette cause de l'humanité, de la justice et de la vertu peut-elle être liée aux vices et au despotisme de l'ancien régime ? Non, assurément. Peut-elle être liée à l'anarchie, aux crimes des factieux, et à la tyrannie des Jacobites ? (*a*) Bien moins encore. Sera-t-elle liée au parti médiateur qu'on persécute aujourd'hui avec tant d'acharnement ? Il peut nous y ramener, et j'y emploirai tous mes efforts [*c*].

C'est dans cette situation de choses, et dans cette disposition d'esprit, que plein des pensées et des sentimens que j'ai tant de droits d'avoir, j'ai cru devoir placer sur la dernière porte de mon domicile, le précis de ce qui suit, et que je pense qu'il est à propos d'en envoyer d'avance la totalité, à tous ceux, à qui il appartiendra.

(*a*) Voyez lettre A, page 25, à la fin.

(b) Voyez lettre C, pag. 33.

Avertissement aux patriotes Parisiens.

Patriotes Parisiens, si vous attachez encore quelque prix à la gloire, à l'honneur dont étoient si jaloux les généreux Français, et qui ne peuvent appartenir qu'à des hommes justes et sensibles, gardez-vous de commettre le plus barbare, le plus méprisable des crimes. Gardez-vous de violer le dernier asyle d'un des plus estimables de vos Concitoyens, d'un homme qui ne vous doit rien, qui toute sa vie a tout fait pour vous, et qui toute sa vie a été victime des plus exécrables tyrannies. Si c'est une véritable et utile liberté que vous avez acquise, cette gloire et cet honneur devroient être votre appanage, bien plus encore que celui de vos ancêtres.

Arrêtez-vous donc, et lisez.

Ne passez pas outre sans être sûrs que la Loi vous autorise dans ce que vous entreprenez ; ayez à la main l'article de la Constitution qui vous donne ce droit ; faites-vous accompagner par un homme de loi, qui connoisse et sache respecter les véritables droits de l'homme; ne faites rien sans lui et apprenez par lui que le premier Décret, la première preuve et le premier devoir de la véritable

Liberté, sont de respecter celle de vos semblables.

Ce lieu est le dernier asyle du premier Français libre; Français dont jamais rien n'a souillé la juste liberté et la noble indépendance; le plus constant, le plus implacable ennemi de toutes les injustices et de toutes les tyrannies; le plus ancien instituteur, vivant, des principes de politique et de législation sur lesquels devoit être établie une sage Constitution. Sentimens, conduite, principes, qu'il a osé avoir, montrer, établir et défendre seul dès 1775, dès 1771 et sur lesquels il ne se démentira jamais. Or, songez bien que les hommes d'un pareil caractère sont ceux dont vous avez le plus grand besoin, et les seuls qui vous seront éternellement utiles.

Si pour prix de tant de dévouement et de tant de sacrifices, il faut être massacré par vous à la vue de ma femme et de mes enfans, frappez, je vous attends. S'il faut voir piller, renverser, brûler mes effets et tout ce que j'ai de plus précieux, mes papiers, mes écrits, le fruit de 20 ans de travaux et de veilles consacrées à l'humanité, à la vérité, à la vertu et au bonheur du monde, avancez et exécutez vos affreux desseins.

Mais vainement vous seriez-vous livrés à cette exécrable barbarie, votre atrocité seroit sans fruit, car la meilleure partie de moi-même restera, toutes les traces de mon existence resteront, tous les fruits de mes travaux me survivront. Ils sont triples, ils sont depuis long-temps déposés dans les lieux les plus sûrs. Je m'étois armé de cette précaution contre la tyrannie ministérielle ; vous prouverez que cette précaution m'étoit encore plus nécessaire contre la liberté présente. Détaché de toute fortune, et dégoûté de toute ambition, j'ai porté et je porte jusqu'à la plus incroyable extrêmité la passion d'être utile à mes semblables. J'ai pris toutes les mesures imaginables pour y réussir et pour n'être pas éternellement victime des folies barbares et des atrocités absurdes de tant d'individus qui finiroient par faire abhorrer l'Espèce entière, même au philosophe le plus sensible. Mais j'ai toujours pensé qu'à la fin et en dernier résultat, la honte et les remords devoient rester à qui ils appartenoient, et j'ai voulu préparer aux méchans, autant qu'il pouvoit être en moi, cette justice, souvent tardive, mais presque toujours inévitable.

Je ne suis rien et n'ai voulu rien être dans l'ordre civil. Je ne suis rien et n'ai voulu rien être dans l'ordre militaire. Je ne suis rien et n'ai voulu rien être dans l'ordre politique. Mais je crois être tout ce qu'il faut être, et tout ce qu'on doit être dans l'ordre moral et dans

toutes

toutes les choses qui importent le plus aux hommes vertueux et aux Empires éclairés. Je ne pouvois pas laisser échapper cette occasion d'oser le dire, et on ne doit pas laisser échapper cette occasion de constater par quels titres et par quelles preuves on pourroit m'en donner un formel démenti.

J'ai porté la même haine aux faveurs corrompues des courtisans, que je porte aux faveurs insensées de la multitude. Sous tous les rapports moraux, civils et politiques, personne n'est plus intact, n'est plus vierge que moi. J'ai passé douze ans à Versailles, et malgré les plus vives instances ou les plus vifs reproches de mes amis, je n'y ai jamais fréquenté les favoris, je n'y ai jamais rien demandé. J'ai passé ma vie entière à Paris, et malgré les occasions les plus entraînantes, je n'y ai jamais vécu particulièrement avec les Grands, avec les hommes en crédit. Jamais mon nom n'a été sur aucun état du Roi, sur aucune liste de pensions, sur aucun registre de traitement, ou de gratification, ou d'appointemens quelconques. Jamais aucun don, aucune grace, aucune place ne m'ont été accordés ; personne au monde ne peut même se vanter d'avoir eû l'honneur de me les refuser. Jamais on n'a eû le temps de dessiner mon visage dans une antichambre ; j'ai quitté, brusquement quelquefois, celle où on m'avoit prié de venir ; et toutes les fois que j'ai eu des relations avec des princes ou des ministres, le seul objet en a été de leur faire quitter des vues particulières dangereuses, pour les remettre dans le chemin de la chose publique utile. Enfin j'ai démontré solemnellement dans un écrit imprimé en 1775, que la chose publique ou Constitution d'alors, étoit si vicieuse et si contraire au bonheur général, que quiconque y prenoit une fonction coopéroit sans le vouloir, au désordre et au malheur de tous, et qu'aucun honnête homme, assez éclairé pour s'être apperçu de cette vérité, ne pouvoit en accepter aucune.

Ce que j'ai avancé ci-dessus, je suis en état de le prouver jusqu'à la plus parfaite évidence. mais je vais plus loin, et ce sera mon dernier mot :

Que parmi tous les membres en activité dans les Sections, parmi tous les membres de la Société des Jacobins, parmi tous les membres de l'Assemblée Nationale elle-même, celui qui croira pouvoir exposer aux yeux de toute la France, une vie plus complètement irréprochable, et plus constamment dévouée à la vérité, à la vertu, à l'utilité publique et au bonheur de ses semblables, s'avance ; qu'il fournisse, ainsi que je propose et jure de le faire, tous les moyens de rendre compte avec l'inquisition la plus sévère, de toutes les minutes de son existence; et s'il l'emporte sur moi à ces égards, je demande, sans aucun autre examen, un autel pour lui, l'échafaud pour moi et la plus authentique publicité, la plus innombrable distribution de toutes les pièces de ce procès. (*a*)

Maintenant j'ajoute, et qu'on y fasse bien attention :

Tel que je viens de me représenter, je donne ma parole d'honneur la plus positive, et je proteste sur tout ce qu'il y a de plus sacré pour moi et sur tout ce qui reste de sacré pour vous, que de tous les membres, mes collégues au Directoire de la Société des amis de la monarchie constitutionnelle, ainsi que de tous ceux des membres que je connois dans ladite Assemblée, je suis le plus disposé à désaprouver les parties vicieuses de la

(*a*) Après une telle offre de ma part, après un si complet dévouement, après un défi aussi formel à toutes les inquisitions, il est aisé de sentir quelle horrible infamie, quelle insigne lâcheté il y auroit à m'attaquer de toute autre manière que celle que je propose. Aussi je préviens que ne croyant pas avoir rien à démêler avec les lâches et les infâmes, je ne répondrai rien à quiconque n'acceptera pas le combat tel que je l'offre, et ma proposition telle que je la fais. *Voyez* la lettre *B*, page 26.

nouvelle Constitution ; le plus porté, par le zèle ardent dont j'ai toujours été devoré pour le bonheur public et pour la sagesse des législations, qui peut seule produire ce bonheur, à consacrer ma raison, mes travaux et mes veilles à rectifier ces vices , ces erreurs, et à en démontrer les funestes effets. Je proteste également que cette même Société d'ennemis de l'anarchie et de la république, loin de m'avoir paru vouloir par aucune action , par aucune manœuvre, passer les bornes qu'elle s'est préscrites, n'use pas même de toute la liberté qu'elle a de les parcourir en fait d'opinion , et qu'elle m'impose, à moi directement, des loix plus sévères, que ne me les dicte la constitution elle-même ; que la gêne qu'elle me prescrit à cet égard sera peut-être pour moi, la seule raison de quitter cette Société malgré la confiance dont elle m'honore; et pour tout dire, en un mot : je me crois un des hommes les plus estimables de France; je me crois versé dans les matières législatives, comme un homme qui s'en est occupé toute sa vie ; je ne crois pas qu'il y ait au monde un homme qui ait porté plus loin que moi le pénible amour de la réforme du genre humain, le fol amour de la vertu publique, de la raison publique, de la félicité publique et de la perfection des Sociétés politiques ; et cependant, si pour être aujourd'hui innocent en France, il faut être fanatique de la Constitution, et adorer ou servir aveuglément les Jacobins, je dirai hautement que nul dans la Société monarchique n'est plus coupable que moi.

DE ROSSI.

Pour savoir mieux à quoi s'en tenir sur ces objets, ainsi que sur tout ce qui me concerne, et pour se préserver d'agir avec aucune légèreté ; légéreté dont les moindres résultats sont toujours prêts aujourd'hui à dégénérer en atrocité, qu'on lise avec la plus grande attention l'ouvrage intitulé ; *mes trois offrandes patriotiques* : ou encore : *matériaux pour notre sagesse et pour notre prospérité futures*.

A la suite de celui-là, qu'on voye encore celui qui a pour titre : *sur les dispositions politiques et morales qu'il faut nous presser d'avoir ; adresse aux assemblées électorales de France* (1).

---

(1) On trouvera ces ouvrages chez les Libraires du Palais-royal, chez Dubuisson, rue Hautefeuil ; et chez plusieurs autres Libraires ; cet écrit il donnera aussi l'indication de quelques autres ouvrages qu'on pourra également trouver chez les mêmes Libraires.

POSTCRIPTUM.

P. S. Si je n'avois pas, pour votre propre utilité, les plus puissantes raisons d'entrer dans ces détails et de vous parler ainsi, je m'en fusse bien gardé, je vous jure. Mais on doit mettre sous vos yeux pour vos pressans intérêts actuels, des résultats si importans pour vous des travaux de toute ma vie, qu'il devient d'une nécessité essentielle que cette vie entière vous soit dévoilée, et que ma personne vous soit complétement connue. Que je meure ou que je vive; que je sois libre ou esclave, tel en un mot que soit le sort qu'on me réserve, ces objets ne paroîtront pas moins; il vous devenoit donc très-utile d'être à portée de bien juger l'homme qui les a écrits.

Sans ce motif puissant (je n'hésiterai pas à vous le dire) toute explication, toute justification m'eût paru très-inutile et très-hors de saison. Vous n'avez pas laissé subsister une seule trace parmi vous, de ce qui compose les élémens de l'honneur, de la réputation, de la gloire; l'atmosphère impur dont vous vous êtes entourés, cette intarissable fécondité d'accusations, de dénonciations, de suppositions, d'imputations; ces impostures horribles, ces calomnies exécrables, ces inventions infernales, ces persécutions odieuses, ces cruautés, ces atrocités inouies, ces outrages perpétuels à la nature et à l'humanité; ce mépris inconcevable de vos propres loix et de votre propre constitution ; cet assemblage monstrueux de la fureur des tigres, de la férocité des sauvages, de la brutalité des siècles les plus barbares, et des odieuses subtilités des siècles les plus rafinés ; ces conceptions, ces rafinemens, ces développemens où l'immoralité, la méchanceté, le crime, la scélératesse, sont revêtus de tant d'esprit, de tant de philosophie, de tant de poësie, de tant de finesse, d'un si fatal, si dégoutant, si épouvantable abus de l'intelligence ; ce monstrueux assemblage vous a fait perdre le plus précieux, le plus important ressort des Sociétés politiques, celui de l'opinion. (1) L'homme vertueux ne veut

---

(1) Il est curieux, très-curieux de voir ce que je disois déjà à cet égard en 1775, dans mon ouvrage, alors supprimé, intitulé : *Considérations sur les principes politiques de mon siècle, & sur la nécessité indispensable d'une morale politique.* Voyez pag. 176 & suiv., 188 & suiv. & une grande partie de cet ouvrage, depuis pag. 162, jusqu'à la fin. J'en déposerai dès-à-présent chez un Notaire, ou chez un Libraire, sous garantie, le seul exemplaire que j'en possède, si on le demande.

plus d'autre tribunal que son propre cœur. Vous l'avez forcé à mépriser tous les autres tribunaux.

O Français ! Malheureux Français ! Voudrez-vous avoir donné une nouvelle preuve à toute l'Europe, que même pour vos plus grands intérêts, vous êtes les mêmes, et toujours les mêmes que pour vos moindres plaisirs ; et que c'est toujours la nouveauté que vous aimez. Car ce n'est pas la Liberté ; certes, ce n'est pas la Liberté. Votre éternelle inconstance et votre frénétique passion pour la mode, se manifestent jusques dans vos évènemens politiques les plus importans ; et maîtres de devenir libres, vous vous contentez de changer d'esclavage.

A.

Je veux pourtant m'expliquer sur cette tyrannie des Jacobites. Il m'est impossible de partager le sentiment de ceux qui les accusent et les haissent tous, indistinctement. Il m'est plus impossible encore d'avoir assez mauvaise opinion de la nature humaine, même dans les plus déplorables époques de son avilissement le plus funeste, pour penser que la totalité ou même seulement la majorité d'une grande assemblée d'hommes soit animée par des principes vicieux, des intentions nuisibles et des desseins perfides. Quelques entraînans, et beaucoup d'entraînés, voilà l'histoire universelle. Quelques crimes et beaucoup d'erreurs composent le destin du Monde. Tel Peuple sage de l'antiquité, a été plus effrayé de l'approche d'un sophiste que d'une armée de conquérans. Comus et Pinetti ne suffiroient-ils pas pour séduire tous les Collèges d'une Capitale ? Voltaire et Helvétius ont suffi pour démoraliser l'Europe. Banissez l'ignorance et l'orgeuil, et la vertu l'emportera sur toutes les attaques du vice. Donnez de véritables et d'utiles lumières à ceux à qui il faut d'utiles lumières; laissez la douce et aimable simplicité à ceux à qui il faut cette heureuse simplicité, et toute la méchanceté des scélérats échouera contre la bonté naturelle de l'homme. L'orgueil et l'ineptie sont les véritables sources du cahos dans lequel nous sommes rentrés. La scélératesse n'est que la clef de la voûte. Quelques monstres convenablement placés au milieu de beaucoup de sots; c'est assez pour la ruine du plus vaste Empire. Si vous pouviez ramener aujourdhui toutes les têtes françaises à zéro, et nourrir l'esprit de la multitude uniquement du catéchisme du sens commum; ce catéchisme du sens commun, formeroit bientôt le code du bonheur public. En vain vous ai-je prêché cette morale et cette politique il y a 17 ans, vous avez persécuté l'auteur et anéanti ses ouvrages. C'étoit au despotisme alors qu'il faloit des esprits pervers et des cœurs corrompus : il en faut bien d'avantage aujourd'hui aux factions et à l'anarchie. Pour vivre au sein de ces deux fatales extrémités, celui qui est né aveugle et sourd est trop digne d'envie.

B.

Apprenez de plus, une très-importante vérité, digne de la plus grande attention des peuples éclairés :

Ce qu'il y a de plus rare et de plus précieux

sur la terre, c'est un homme d'un grand caractère, doué d'un esprit juste, d'une conception vaste, d'une raison profonde et d'une logique saine. Les hommes de cette espèce sont ordinairement fort-sensibles : sensibles sur-tout à l'injustice. Or tout le tems qu'ils employent à leur défense personnelle, est absolument perdu pour la chose publique. Ayez donc l'art de leur faire consacrer tous leurs momens à votre service. Cet art contiendra une grande sagesse ; mais la première maxime qu'elle vous prescrira, sera celle-ci : n'outragez jamais les hommes de cette trempe, et gardez-vous bien de les contraindre par un retour forcé sur eux-mêmes à consumer pour leur propre cause, les forces et les ressources de leur génie. Sachez vous en servir uniquement pour vous-mêmes ; appropriez-vous-en tous les fruits, tous les efforts : en un mot, soyez justes par intérêt, si vous ne savez pas l'être par vertu.

Fortifiés par toutes les pensées qui naîtront naturellement en vous, de la vérité importante que je viens de vous présenter, vous découvrirez tout-seuls avec un peu de méditation, le grand secret, le plus fin secret des scélérats ; celui avec lequel ils viennent à bout de faire réussir leurs desseins les plus pervers ; en un mot, le grand pivot du malheur du monde, dans tous les siécles; le grand moteur du bouleversement des Empires; le grand ressort de tous les désordres moraux et de tous les maux politiques, qui ont donné tant de force, tant de prospérité aux argumens des manichéens, qui ont fait verser tant de larmes à Héraclite, ainsi qu'à tous les Philosophes sensibles; qui ont engendré la théorie des Machiavélistes; qui ont été l'éternel tourment des Socrate, des Caton, des Marc-Aurèle; qui ont inspiré tant de gaieté philosophique, et tant d'amères plaisanteries aux Swift, aux Rabelais, aux Voltaire; qui ont dicté des systêmes si affligeans, si vicieux, aux Hobbes, aux Lucrece, aux Spinosa, et a tant de leurs prosélytes dans ce siècle; plaies profondes et affreuses du cœur humain, sur lesquelles Pope, le divin Pope a versé un baume si salutaire.

Ce grand secret des scélérats, ce secret si fin des habiles scélérats, le voici :

Au moral comme au physique toute la puissance active de ce monde peut se diviser en deux masses principales : force, et résistance. La résistance au vice, la plus naturelle et la plus efficace, c'est la vertu. La résistance la plus efficace et la plus naturelle au sophisme et à l'erreur, c'est la vérité. Les hommes vertueux et éclairés, les véritables amis de l'Humanité et du bonheur de leurs *Semblables*, sont donc le plus terrible effroi des méchans. Ces méchans, ces scélérats ne veulent, à tel prix que ce soit, à tel détriment que ce puisse être, que leur bien particulier. Ces hommes éclairés et vertueux aiment au contraire, désirent et veulent par-dessus toutes choses, l'ordre et le bonheur général. Les uns et les autres se ressemblent en une seule chose : la direction continuelle de leurs pensées, de leurs regards sur la chose publique. L'objet des uns est de la perdre, et l'objet des autres est de la conserver.

Mais quel puissant moyen pourroient trouver les méchans pour distraire ces redoutables Argus, pour détourner ces effrayans réverbères ? Il s'en présente un bien simple, quoique très-profond, celui de contraindre, sous peine de l'honneur, ou de la vie, les hommes-de-bien à devenir égoïstes ; (1) celui de les obliger à suspendre tous les

---

(1) Je dis ègoïste pour me servir du terme dans toute sa rigueur et pour exprimer ma pensée dans toute sa force. Car l'homme vertueux et éclairé voudroit ne jamais s'occuper de lui-même, et si on lui rendoit toujours justice, sa pensée même, ne s'arrêteroit pas un instant sur sa personne. L'observation

efforts qu'ils consacroient au salut de la Patrie, pour résister à l'orage préparé sur leur tête ; celui de leur faire abandonner la cause de tous, pour s'agiter dans leur cause particulière ; celui de leur faire consumer daus leur propre défense toute la force, tous les talens, tous les moyens qu'ils vouloient employer à la défense publique.

Que pouvoit-on inventer de plus propre á ce dessein que la dénonciation et la calomnie ? L'art sublime de la calomnie et de la dénonciation une fois découvert et profondément administré, on réussit infailliblement à obtenir que l'activité des scélérats soit dans toute sa force et que l'activité des bons soit dans une déplorable foiblesse. Alors la chose publique est puissamment attaquée et

---

quelquefois, et jamais l'intérêt, pourroit seule lui donner cette reversibilitè. Dans tout autre cas il déteste de porter ses regards sur ce qui lui est personnel. Il aime à les étendre et à les fixer sur l'univers entier. Il n'est heureux qu'en agrandissant le cercle de ses idées et de ses lumières. Voir, pénétrer, expliquer, découvrir, forment sa seule ambition, sa seule jouissance. Vérité, utilité, ordre universel, bonheur général, sont les seuls objets touchans pour son cœur ; toutes les fois qu'il est forcé de s'en détourner, telles puissantes que soyent les raisons qui l'y contraignent, tels sacrés que lui en paroissent les motifs, il se trouve *égoïste* & malheureux.

très-mal défendue. Ses plus puissans défenseurs sont comme enlacés dans des filets inextricables et empoisonnés. Ils épuisent leur force, leur courage, leur constance à s'y débattre. Ils ont pour les briser des peines inouies et souvent sans succès. Obligés, lorsqu'ils n'y succombent pas, de les défaire nœud à nœud, ils y consument un tems précieux. Pendant ce tems, le crime tête levée et plein d'audace, parcourt un espace immense dans sa carrière d'horreur. Pendant ce tems les affreux ennemis du Genre humain marchent à pas de Géans, et renversent tous les obstacles.

Alors la force du vice devient immense ; la résistance de la vertu devient presque nulle. La portion du mal l'emporte d'une manière effrayante sur celle du bien. Les monstres établissent comme principes la pratique qu'ils ont exécutée. Ils convertissent leurs actions en adages. La théorie de la scélératesse se compose ; et ce qui avoit coûté du génie aux premiers Scélérats ne coûte plus qu'une servile imitation à leurs successeurs.

Il y a même telle époque de l'histoire, où un seul homme sert de bouclier, d'étendart et d'interprète à toute la vertu de son tems ; où un seul homme semble être dépositaire de la vertu de tous ses contemporains. La perte de Socrate, de Suger, de l'Hopital, de Sully, suffisoit au triomphe des méchans de leur siècle.

De quel poids énorme n'est donc pas, dans le bassin du mal, la persécution des justes? Ah! qu'ils le savent bien les perfides ennemis de tout ordre et de toute vertu, pour qui rien n'est sacré que la satisfaction de leurs passions brutales! Ah! qu'ils le savent bien, et qu'ils prennent grand soin de s'emparer toujours des deux côtés de la balance! (1)

Mais qu'il est triste d'être en état de disséquer ainsi votre squelette politique, et que c'est un déplorable avantage de parvenir à une telle analyse de notre situation, si ces vérités terribles et cruelles, ainsi que tant d'autres qu'il ne tient qu'à vous de connoître, demeurent dans quelques têtes isolées, au lieu de se répandre dans toutes!.....

Propagez-les donc ô! vous tous qui les sentez, qui les appréciez, qui les aimez! proposez-les donc et étendez leur juste empire. Je vous offre volontiers tout ce qui est en moi; mais sachez faire aussi de votre côté tout ce qui dépend de vous.

C

Lorsqu'on aura vu les trois ou quatre premières parties des travaux que j'ai annoncés, et qui

(1) voyez lettre D pag. 35.

doivent suivre d'assez près l'Ecrit intitulé : *Matériaux pour notre sagesse et pour notre prospérité futures*, que je viens de publier, on comprendra parfaitement comment cette cause de la vertu, de la raison, de la vérité, est indestructiblement liée dans mon esprit avec celle du bonheur physique, politique et moral de mes semblables, et comment l'une et l'autre, de la manière dont je les ai envisagées et approfondies, doivent exercer sur mon cœur un empire supérieur à tout autre intérêt. J'ose espérer qu'il n'y aura pas au monde un seul homme vertueux et éclairé qui n'en demeure persuadé et pénétré comme moi lorsqu'il aura saisi ces grands objets sous les faces par lesquelles je les présente. On peut donc se dispenser d'attacher aucun mérite particulier à cette disposition de mon ame ; elle est à mes yeux : nécessité, et non pas mérite. Elle est : résultat de conviction, et non pas résultat de vertu. Il n'y a point de mérite moral à être convaincu de la millième proposition de géometrie, lorsqu'on a bien approfondi et bien conçu les 999 précédentes ; il y a obligation inévitable. En attribuant ainsi à des ressorts méchaniques des sentimens et des principes qu'on attribue ordinairement à des vertus morales, j'inspirerai plus de confiance a mes contemporains. Je ne saurois assez me dégrader si j'en réussis mieux a leur être utile.

D

Cette persécution du mérite, des vertus et des talens existe depuis longtems dans le monde et principalement en France. Mais elle y existe maintenant avec des dégrés d'accroissement, avec des développemens et des symptômes dont on chercheroit envain des exemples dans l'histoire des siecles les plus barbares ou les plus corrompus. Elle avoit ci devant d'autres causes et d'autres principes. Dans des écrits antérieurs à la Révolution j'examinai ces principes, j'analysois ces causes, et dans celui que je fis dans les premiers mois de 1789, sous le nom de *constitution provisoire*, l'article XV. étoit particulierement consacré à dévolopper les sources fatales et les suites funestes de cette maladie morale. Il me fut impossible de comprendre, alors, par quelles étranges manœuvres on parvint à prolonger, retarder et enfin empêcher l'impression et la publication de cet ouvrage. Je ne connois et ne comprends que trop bien ces manœuvres aujourd'hui. Dans la plénitude de ma bonne foi j'avois lû, envoyé, communiqué plusieurs articles de ce travail.

De l'Imp. de Girouard, *r. du Bout-du-Monde n°. 47.*

ERRATA.

PAGE 10, *lig.* 10, prémices, *lis.* prémisses.
page 32, *lig.* 18, proposez-les, *lis.* propagez-les.

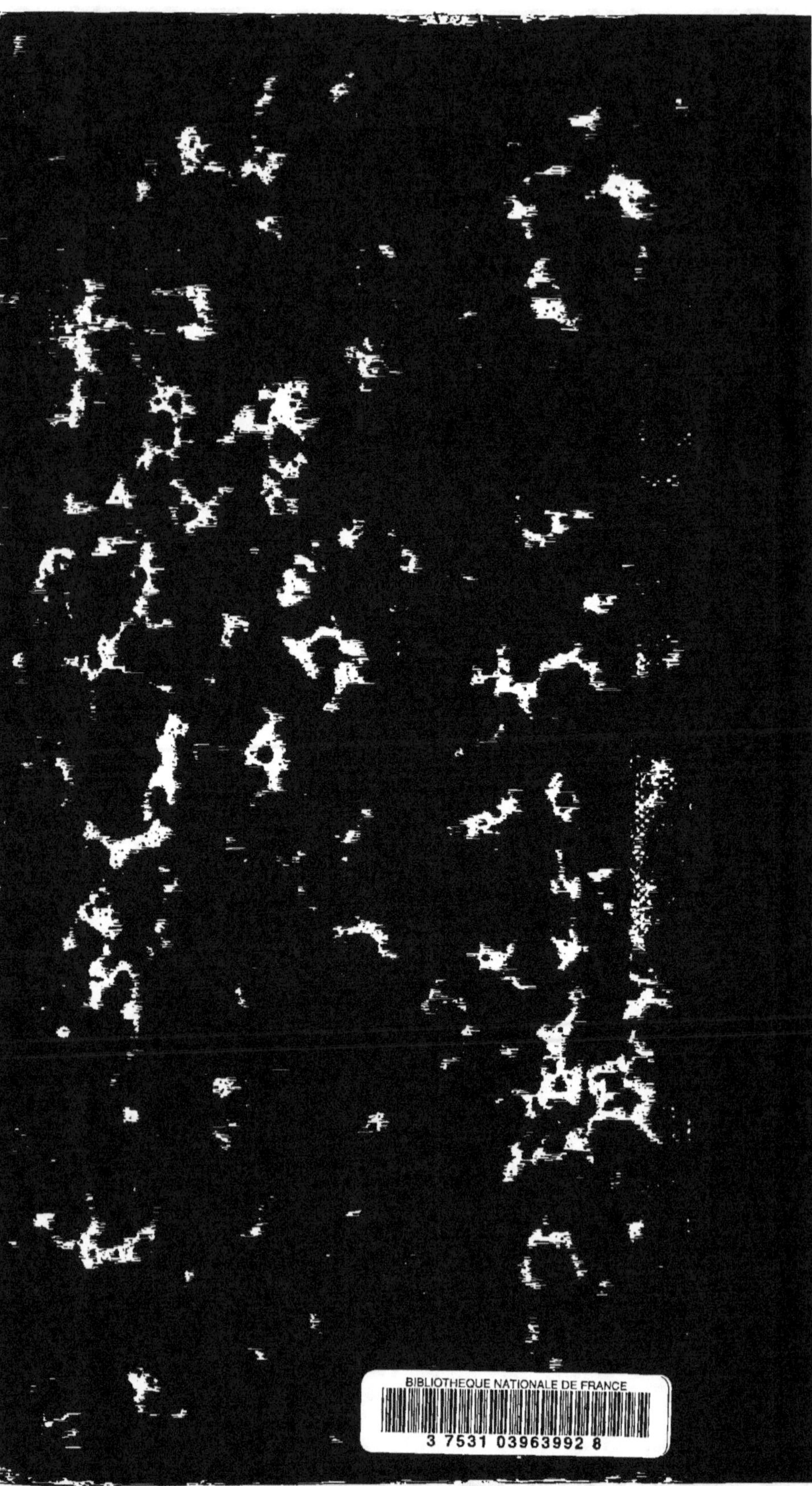

www.ingramcontent.com/pod-product-compliance
Lightning Source LLC
LaVergne TN
LVHW020248230826
846091LV00006B/2302
9782013383387